Charles Coquelin

Réforme
du régime monétaire
en France

Essai

ISBN : 978-1973933168

10 9 8 7 6 5 4 3 2 1

Charles Coquelin

Réforme
du régime monétaire
en France

Essai

Table de Matières

Réforme du régime monétaire en France

Le caractère et les fonctions des monnaies ont été clairement expliqués par les économistes. On sait aujourd'hui quel est l'emploi des monnaies dans les relations sociales, et ce qu'elles doivent être pour ne pas faillir à cet emploi : c'est une des parties les plus claires et les moins sujettes à controverse de toute la science économique. Ajoutons que les notions générales sur cette matière se sont assez popularisées pour qu'on n'ait plus à craindre le retour de ces fraudes coupables qui, dans les siècles précédents, en altérant la sincérité des valeurs monétaires, ont tant de fois troublé l'assiette financière des états. Il semble donc que la science n'ait plus rien à nous apprendre à cet égard, et que nous puissions nous endormir au sein de la sécurité qu'elle nous a faite. Il n'en est rien, pourtant. Si tout est dit sur la théorie générale des monnaies, il reste beaucoup à dire, beaucoup à faire, quant à l'administration du capital qu'elles représentent. A cet égard, combien de principes salutaires aujourd'hui méconnus ! principes non de théorie, mais d'application, par cela même d'une importance plus haute. Quand on considère l'énormité du capital qui circule au sein des nations sous la forme de monnaies, on comprend d'ailleurs que rien de ce qui touche à l'aménagement de ce fonds social ne saurait être indifférent. Nous allons donc essayer de mettre quelques-uns de ces principes en évidence, en nous aidant des lumières de ceux qui les ont envisagés avant nous ; mais comme tout se lie dans une matière semblable, qu'on nous permette de rappeler d'abord les vérités générales désormais hors de discussion.

La fonction essentielle de la monnaie, c'est de faciliter les échanges. Dans l'état actuel des sociétés, sauf quelques exceptions très rares nul homme ne travaille pour consommer ses propres fruits : il travaille pour les autres, à condition d'obtenir d'eux, en échange des produits qu'il leur livre, tous ceux que ses besoins réclament. Les échanges sont donc devenus la loi universelle de l'industrie ; cependant, en raison même de leur universalité, il est impossible que les échanges se fassent directement, produit contre produit. L'homme qui livre à un autre le fruit de son travail a rarement un produit équivalent à lui demander ; c'est ailleurs que ses besoins le portent, et il faudra même souvent qu'il s'adresse à plusieurs pour trouver sous des formes diverses, et par portions inégales, cet équivalent auquel il a droit. De là la nécessité d'une marchandise commune, et en quelque sorte intermédiaire entre toutes les autres, que chacun veuille recevoir en échange de ce qu'il livre, et qu'il puisse toujours faire accepter en échange de ce qu'il demande. Telle est la monnaie. Il est nécessaire que la monnaie ait une valeur intrinsèque, valeur toujours égale à celle des produits contre lesquels elle s'échange ; autrement ces relations complexes dont elle est pour ainsi dire la clé manqueraient de garantie. Nul n'oserait abandonner ses produits, incertain qu'il serait d'obtenir en retour la juste mesure de leur valeur : cette longue série d'opérations sur laquelle l'édifice industriel repose serait alors troublée dans son principe, et le mouvement s'arrêterait.

Rigoureusement parlant, toute marchandise peut servir de monnaie ; il suffit pour cela qu'elle soit d'un placement général, de manière à pouvoir être donnée et reçue partout On citerait même plusieurs denrées d'un usage ordinaire qui ont fait cet office en divers temps, comme les bestiaux, le sel, le blé et beaucoup d'autres. Bien plus, de nos jours encore, si l'on y regardait bien, on trouverait que des marchandises de diverses sortes remplissent en réalité cette fonction de simples intermédiaires dans certains cas particuliers. Toutefois, à mesure que l'usage des échanges s'est étendu et généralisé, on a adopté partout, de préférence à toute autre marchandise, les métaux, et surtout les métaux précieux, qui sont devenus la monnaie par excellence. Cette préférence s'explique par les propriétés qui les distinguent. En effet, les métaux précieux résistent mieux à l'user que la plupart des autres marchandises ; ils ne sont pas sujets à s'altérer ; la qualité en est uniforme, ou peut être rendue telle par l'uniformité du titre ; ils peuvent facilement se mesurer et se diviser en parties aliquotes à volonté ; ils représentent une grande valeur sous un petit volume, et donnent ainsi moins d'embarras dans les maniements et les transports ; enfin la valeur n'en est sujette qu'à des variations peu fréquentes et peu sensibles, et grâce à cette circonstance, ils donnent, mieux que ne le ferait aucune autre espèce de marchandise, une base solide., aux transactions.

Pour rendre les métaux plus propres à l'usage auquel on les destine, on a coutume de les diviser en portions ou pièces régulières et

symétriques, d'un poids, d'un volume et d'un titre légalement dé-
terminés. L'une de ces pièces est choisie pur représenter l'unité, et
afin de faciliter les comptes on a soin que toutes les autres pièces se
rapportent à celle-là ; de manière qu'elles en soient ou des fractions
régulières, ou des multiples exacts. Il est convenu partout que c'est
au gouvernement qu'il appartient de régler cette division, et même
de fabriquer les pièces : non que ce soit là, comme on l'a prétendu,
un attribut essentiel de la souveraineté, mais parce que la garantie
du gouvernement a paru meilleure qu'aucune autre, et que son intervention conduit à un système monétaire général et régulier. Par
une conséquence naturelle de cette attribution, le gouvernement
marque les pièces de son empreinte ; mais cette intendance qui
lui est dévolue sur les monnaies n'a et ne peut avoir d'autre portée
ni d'autre but que de faciliter les transactions, en établissant l'uniformité des pièces, et en dispensant les particuliers de vérifier, à
l'occasion de chaque échange, leur titre et leur poids.

On considère aussi la monnaie comme une mesure de la valeur, et
il est vrai qu'elle remplit cette fonction dans la pratique. C'est ainsi
que pour donner une idée de la valeur d'une chose, on a coutume
de la comparer à une quantité déterminée d'or ou d'argent, usage
fort naturel d'ailleurs, puisque l'or et l'argent sont les marchandises
communes contre lesquelles toutes les autres viennent tour à tour
s'échanger. Ajoutons que cette marchandise est aussi la seule qui,
en offrant des divisions régulières et fixes, se prête à des calculs
précis. Cependant cette fonction dérive moins de l'essence de la
monnaie que de ses propriétés accidentelles. Avant tout, elle est
l'intermédiaire nécessaire dans les échanges ; voilà son caractère
distinctif. Ce n'est, pour ainsi dire, qu'accessoirement, ou, pour
parler comme les légistes, *subsidiairement*, qu'elle devient la mesure de la valeur. Il est bon de remarquer, au surplus, que cette
mesure n'est jamais absolue, mais seulement relative ; car les monnaies, bien qu'elles soient en général plus stable que la plupart des
autres marchandises, sont elles-mêmes sujettes à changer de valeur selon les temps.

Tels sont les principes généraux, principes clairs, incontestables,
presque universellement admis, et sur lesquels il est aujourd'hui
à peu près inutile d'insister. C'est quand on sort de ces données
générales pour examiner soit les combinaisons du système moné-

taire soit la distribution et l'aménagement intérieur du capital métallique, qu'on rencontre partout l'incurie et le désordre. C'est alors qu'on vient se heurter contre des préjugés fâcheux qui résistent obstinément à l'application des saines doctrines. Les considérations que nous voulons présenter ici sont de deux sortes : les unes relatives à l'emploi économique de cette portion du capital social qui existe sous la forme de monnaie ; les autres, aux rapports à établir entre les divers métaux dont les monnaies sont composées.

Les monnaies, disons-nous, sont une marchandise, et les métaux précieux dont elles se forment ont une valeur intrinsèque qui subsiste en elles dans son entier. Aussi un peuple n'obtient-il celles dont il fait usage que par l'échange contre d'autres marchandises ; elles ne lui sont acquises qu'au moyen du sacrifice d'une portion de son capital actif. Il suit de là qu'un peuple n'a aucun intérêt à multiplier chez lui le numéraire au-delà de ses véritables besoins. Toute la somme de capital qu'il attire à lui sous la forme de monnaie, il la restitue aux autres peuples sous la forme d'autres produits équivalents. Ce n'est pas une augmentation de sa richesse, mais une simple transformation des éléments qui la constituent, transformation utile autant qu'elle répond a des besoins réels, mais fâcheuse toutes les fois qu'en excédant cette mesure, elle accumule chez un peuple une masse de numéraire qui doit rester stérile entre ses mains.

C'est encore ici une vérité assez clairement établie par les économistes et malgré quelques apparences, quoique les lois de certains états soient encore ordonnées aujourd'hui dans un esprit différent, nous croyons que cette vérité commence à triompher partout des préjugés contraires. Autrefois, lors des premières études faites en vue de l'industrie et du commerce, l'habitude de comparer toutes les marchandises, toutes les richesses, à ce type commun, la monnaie, ayant fait croire que la monnaie constituait la seule ou la véritable richesse d'un peuple, on s'était ingénié avant tout à trouver les moyens de multiplier, d'accumuler chez soi cette marchandise unique, ou tout au moins de conserver intacte toute la somme qu'on était parvenu à s'assurer. Qui pourrait dire combien de lois ont été faites eu vue de ce bienfait imaginaire ? Mais le défaut seul de réflexion avait pu faire prévaloir cette idée bizarre ; un examen plus sérieux des éléments constitutifs de la richesse a suffi pour la dissiper. On n'a pas tardé à comprendre que la richesse d'un peuple ne consiste pas dans la possession de telle marchandise plutôt que de telle autre, qu'elle se compose de l'ensemble, de la somme totale des agents industriels et des produits qui, sous des formes infiniment diverses, contribuent à la satisfaction de nos besoins. On a compris en outre qu'il ne convient pas à une nation d'affectionner telle forme de la richesse plutôt que telle autre, et de tenter de la fixer chez elle au-delà de la mesure nécessaire, puisqu'enfin cette marchandise particulière ne peut être acquise que par le sacrifice d'une autre plus précieuse ou plus utile.

Un examen plus attentif a bientôt conduit à une autre vérité plus subtile ou plus haute. C'est que le résultat qu'on s'était proposé d'abord est matériellement impossible à réaliser. La somme de numéraire qu'une nation possède est nécessairement, et, pour ainsi dire, fatalement déterminée par les besoins réels de sa circulation ; elle ne saurait du moins jamais l'excéder d'une manière notable et constante. C'est qu'en effet la somme qui excéderait ces besoins ne trouverait de placement nulle part. Quel est, parmi les individus ou les corps dont une nation se compose, celui qui consent à garder par devers lui une masse de numéraire inutile ? Aussitôt que la quantité de monnaie qu'il possède suffit au courant de ses affaires, il repousse l'excédant, soit en se hâtant de lui trouver un placement utile, au lieu de le laisser dormir dans ses coffres, soit en le convertissant en marchandises ou en agents reproductifs. Chacun, dans un pays, raisonne et agit dans le même sens. Nul ne veut se charger du poids d'une monnaie qui resterait improductive entre les mains. Il accepte sans doute, quand il la reçoit pour prix de ses labeurs ou en échange de ses produits, mais non pour la laisser inactive ; il n'en garde dans ses caisses qu'une portion quelconque, mesurée sur ses besoins ordinaires, et se hâte de se défaire avantageusement du reste. S'il en est ainsi de chaque individu et de chaque corps, il en est de même d'une nation entière, car ici, du particulier général, la conclusion est juste, puisqu'enfin la masse de numéraire qu'une nation possède se trouve nécessairement répartie dans toutes les caisses privées. Il est donc impossible d'arriver, par voie législative, par des combinaisons économiques, à faire affluer et à fixer chez un peuple une quantité de numéraire supérieure celle que son mouvement commercial réclame ; tout ce qui excède cette mesure reflue nécessairement au dehors, avec d'autant plus de rapidité que les monnaies sont d'un transport facile, et qu'elles s'échangent sans peine contre toutes sortes de produits. Aussi les lois faites en divers temps en vue de ce résultat chimérique, l'accumulation du numéraire dans un pays, lois fâcheuses à d'autres égards, n'ont jamais atteint le but qu'on s'était proposé.

Pareillement, et par des raisons semblables, un peuple ne reste jamais dépourvu des monnaies que sa circulation demande, à moins qu'il ne refuse de les payer à leur valeur. Si pauvre qu'il soit, il trouve toujours assez d'autres valeurs à donner en échange de celle-là ; et le besoin même qu'il en éprouve, en donnant accidentellement la monnaie une valeur supérieure à celle qu'elle a partout ailleurs, suffit pour la faire affluer chez lui. Au reste, loin que les pays pauvres soient à cet égard moins bien partagés que les autres, nous pouvons dire qu'ils sont en général, et toute proportion gardée, plus pourvus de numéraire que les pays, riches, où un crédit mieux établi dispense plus fréquemment de son emploi.

Mais s'il est impossible de détruire législativement le rapport nécessaire qui s'établit entre la somme du numéraire et les besoins, il ne l'est pas, et nous venons de l'indiquer, de diminuer ces besoins mêmes, soit en suppléant à certains égards à l'emploi de la monnaie, soit en multipliant en quelque sorte ses services par un aménagement plus judicieux. C'est là un digne objet de l'attention des hommes d'état. Qui ne comprend en effet que la somme de numéraire dont un pays se sert pour ses échanges, ne lui étant acquise qu'à titre onéreux, c'est-à-dire au moyen du sacrifice d'une portion, de son capital productif, il est du plus haut intérêt de diminuer l'étendue de ce sacrifice, autant qu'on le peut sans nuire à la facilité des transactions ? Si les monnaies sont nécessaires pour les échanges, elles ne sont utiles que pour cela : à tous autres égards, elles forment un capital stérile. Que l'on consente, en vue de la facilité des échanges, à laisser improductive une portion toujours assez considérable du capital actif, c'est un calcul assurément bien entendu, puisque cette facilité des échanges est une compensation suffisante du sacrifice auquel on se soumet ; cependant il n'en est pas moins très désirable et très important que le même résultat soit obtenu aux moindres frais possibles. Ainsi tout pays enlève à la culture et frappe de stérilité une portion de ses terres, même les plus fertiles, pour les consacrer à la construction de routes et de canaux, et en cela il fait bien, parce que ces routes et ces canaux, en favorisant le transport des produits, donnent aux autres terrains mis en culture un accroissement de valeur qui compense largement le sacrifice que l'on s'impose ; mais il est évident que ce sacrifice doit se renfermer, dans la stricte limite des besoins, et qu'il est toujours bon d'en diminuer l'étendue quand on peut le faire sans diminuer les avantages que l'on en tire. Il en est de même des monnaies.

Si l'on veut mesurer d'un seul coup-d'œil toute l'importance des économies qu'il est possible de réaliser dans cette direction, il suffit de comparer la situation respective de l'Angleterre et de la France. Quoiqu'il y ait en Angleterre moins de population qu'en France, on accordera bien sans doute que la masse des affaires qui s'y traitent est pour le moins égale, que la sommes produits n'est pas moindre, que les échanges sont aussi nombreux, aussi actifs, que par conséquent le besoin d'un *medium* circulant est aussi étendu. Cependant tous les calculs des économistes et tous les documents officiels s'accordent à établir que la masse de numéraire dont l'Angleterre fait usage dans ses transactions n'excède pas la somme de 750 millions, tandis que la France emploie, pour arriver au même résultat sans jouir de facilités plus grandes, et, même, comme nous le verrons dans la suite, avec des facilités moindres, un capital qui n'est pas estimé à moins de 3 milliards et demi, c'est-à-dire que pour remplir le même service, la France emploie un capital quatre fois plus grand : circonstance fâcheuse, qui accuse un système financier très imparfait, et grève le revenu annuel de la nation d'intérêts considérables.

Le mouvement commercial de la France n'étant pas plus important en somme que celui de l'Angleterre, et il nous eût été permis de le supposer moindre, il est évident, que la France pourrait, à l'aide de meilleures dispositions économiques, suffire à ses échanges avec la même somme de numéraire circulant. Au lieu de 3 milliards et demi elle n'en que 750 millions dans ses échanges, et ces échanges s'accompliraient, selon notre hypothèse, avec autant de facilité qu'aujourd'hui. C'est donc ne somme de 2 milliards 750 millions quelle pourrait sans inconvénient détourner de cet emploi stérile pour la consacrer à des travaux reproductifs.

Charles Coquelin

Partant de là, voyons ce que l'imperfection de notre système nous coûte. L'intérêt de ce capital inutile, en le calculant seulement à raison de 5 pour 100, taux fort inférieur, à la moyenne de l'intérêt des capitaux dans le pays, s'élève à la somme de 137 millions 500,000 francs, qui représente, à ce qu'il semble, la perte annuelle que la nation subit. Mais il ne suffit pas de calculer l'intérêt du numéraire inutile. S'il disparaissait de la circulation, comme il ne fait pas partie du revenu net du pays et qu'il constitue au contraire une portion de son capital actif, il serait converti tout entier en agents reproductifs, lesquels donneraient en moyenne, comme on a coutume de le calculer pour tous les capitaux de ce genre, 10 pour 100, c'est-à-dire le double de l'intérêt ordinaire, ou une somme totale de 275 millions par an. Voilà ce qu'en réalité la France dépense tous les ans de plus que l'Angleterre pour le service de ses échanges ; somme énorme dont elle grève inutilement son revenu, où dont elle pourrait l'augmenter par un emploi plus économique du numéraire.

Une telle dépense n'est pas assurément à dédaigner ; que sera-ce donc si l'on considère que, loin de faciliter par les échanges, la France ne fait que rendre leur service, à d'autres égards, plus onéreux ? Combien de frais n'entraîne pas, en effet, le transport continuel de toute cette masse de numéraire, dont l'office est de circuler sans cesse ! Ils paraissent médiocres, ces frais, quand on les considère dans chaque cas particulier ; mais, si l'on tient compte de leur répétition journalière, on comprendra qu'ils doivent s'élever annuellement à des sommes énormes. Ils sont d'autant plus considérables en France, que la monnaie généralement en usage est l'argent, monnaie lourde, encombrante, en raison du bas prix auquel elle est descendue, et qui n'est déjà plus en rapport avec l'importance habituelle de nos transactions. Ajoutez à ces frais la perte de temps, qui se renouvelle aussi tous les jours, dans les paiements, dans les recettes, dans les comptes de caisse et les liquidations. On l'a dit avec raison, le négociant anglais expédie plus d'affaires en une demi-heure que le français en un jour, et cet avantage, il le doit surtout à la différence des systèmes monétaires, tant il est vrai, qu'en multipliant outre mesure l'agent des échanges ; on n'a réussi qu'à les entraver. Il n'est pas permis à une nation commerçante éclairée, de méconnaître des intérêts si graves ou de les négliger.

Comment faire cependant pour remédier à cette exubérance de numéraire ? Les moyens sont connus, car ils ont été déjà bien, souvent exposés. Peut-être faudrait-il quelques développements nouveaux pour montrer leur juste application en France, mais ce n'est pas l'objet que nous nous proposons en ce moment : aussi nous bornerons-nous à quelques indications générales.

Il faut d'abord écarter cette idée trop commune, qu'on ne puisse diminuer la masse du numéraire en circulation dans un pays qu'en la remplaçant en partie par des billets de banque. Nous sommes bien loin de proscrire l'usage de ces billets, et nous avons montré ailleurs[1] les avantages qu'on peut tirer de leur émission bien entendue ; mais leur fonction essentielle n'est pas, comme on le pense à tort, de remplacer la monnaie, et, dans tous les cas, ils n'offrent pas le moyen praticable de suppléer au service utile de cette dernière. Ce qui le prouve sans réplique, c'est que la somme des billets émis par toutes les banques anglaises n'excède que rarement, et le plus souvent n'atteint pas même celle du numéraire en circulation dans le pays, et que ces deux sommes réunies n'égalent pas encore la moitié de celle qui existe sous la seule forme de monnaie en France.

Le principal moyen d'économiser l'emploi du numéraire, c'est de réunir dans des caisses communes toutes les réserves particulières des négociants. Un exemple rendra cette idée sensible. Supposons que mille négociants dans Paris tiennent chacun en réserve dans leurs caisses une somme de 5,000 francs, par prudence ; comme cela se fait d'ordinaire, et rien que pour parer aux besoins imprévus. C'est une somme totale de 5,000,000 qui dormira inutile, dans l'attente d'évènements futurs. On ne saurait blâmer cette mise en disponibilité d'une portion de numéraire, bien qu'elle la frappe accidentellement d'une stérilité complète, car la prudence la plus vulgaire en fait une loi ; pourtant il est facile de comprendre qu'en réunissant toutes ces réserves particulières dans une caisse commune, où chacun viendrait puiser alors seulement que ses besoins imprévus se manifesteraient, on remplirait le même objet avec une somme bien moindre. Un seul million y suffirait. C'est donc quatre millions sur cinq dont on économiserait l'emploi sans nuire en rien

---

1   *Revue des deux Mondes*, livraison du 1ᵉʳ septembre 1842, *le Crédit et les Banques*.

Charles Coquelin

au bien du service, et cela s'applique aux billets de banque tout aussi bien qu'au numéraire lui-même. De telles économies ne sont pas sans exemple en France, surtout à Paris ; mais l'usage n'en est pas à beaucoup près assez fréquent, ni assez étendu. Ce serait aux banques qu'il appartiendrait de le propager, si les banques étaient parmi nous plus nombreuses et plus libres. Au reste, ce procédé n'est pas le seul dont on puisse se servir dans le même but. On obtiendrait des résultats semblables, en établissant partout où il est possible de le faire, des bureaux de liquidation, où les billets des principaux négociants ou banquiers viendraient s'échanger les uns contre les autres, de manière que chaque banquier y remettrait les billets dont il est porteur en échange de ceux dont il est débiteur, et que le numéraire n'interviendrait que pour payer les reliquats. Nous avons déjà eu l'occasion de le dire, il existe un bureau semblable à Londres,[1] et, grâce à ce bureau, des affaires colossales, presque fabuleuses, se liquident à l'aide de sommes en numéraire tout-à-fait minimes. Sans insister davantage sur ce sujet, quant à présent, qu'il nous soit permis de répéter qu'il est digne de toute l'attention des hommes d'état et des économistes.

Il y a un autre inconvénient pour un peuple à se servir, dans ses transactions, d'une trop grande somme de numéraire : c'est que ce capital est sujet à se déprécier avec le temps. La valeur des métaux précieux, avons-nous dit, est soumise, comme toutes les autres valeurs, aux fluctuations du commerce ; de plus l'expérience a prouvé que la production en est supérieure à la consommation, et que par conséquent leur valeur commune ou moyenne tend d'une manière insensible, mais constante, à diminuer de jour en jour. Cette dépréciation des métaux précieux est peu apparente sans doute, et il est toujours fort difficile d'en mesurer l'étendue, parce qu'il n'y a point de terme de comparaison stable et régulier ; cependant elle n'est que trop réelle, et quand on se reporte à quelques siècles en arrière, il est impossible d'en méconnaître la portée. Est-il vrai, comme le prétendent quelques économistes, qu'elle s'est à peu près arrêtée depuis un demi-siècle ? C'est ce qu'il est aussi difficile de nier que d'affirmer. Ce qui est sûr, c'est qu'en embrassant une période assez longue, il est facile de constater par des faits précis une différence sensible. Supposons que la dépréciation des monnaies

---

1   *Clearing house*, bureau de liquidation ou d'apuration.

se soit arrêtée ou ralentie dans ces derniers temps, il faudrait l'attribuer uniquement à la mauvaise exploitation des mines. Sil arrivait donc quels états de l'Amérique possesseurs de ces mines vinssent à prendre une meilleure assiette, à corriger les vices de leur administration intérieure, à faire des progrès dans la carrière industrielle, à perfectionner enfin l'exploitation, il faudrait s'attendre à une nouvelle dépréciation, plus régulière et plus rapide que celle qui s'est manifestée dans aucun temps. C'est alors que les peuples de l'Europe verraient s'amoindrir, et pour ainsi dire se fondre dans leurs mains cette notable partie de leur avoir, et la perte qu'ils éprouveraient serait d'autant plus forte que leur capital en numéraire serait plus grand.

Si l'on en croit la plupart des économistes, la France serait aujourd'hui le pays de l'Europe qui posséderait la plus grande somme de métaux précieux. Son capital en numéraire, or et argent, formerait au dire de quelques-uns, le tiers de celui qui circule dans tout le continent européen : d'autres vont même plus loin, car ils n'estiment qu'à sept ou huit milliards, au plus, la somme totale du numéraire que l'Europe renferme. A ce compte, la France serait de tous les états européens le plus mal administré sous ce rapport. S'il en était ainsi, nos observations n'en auraient que plus de force, puisque le danger que nous venons de signaler serait plus particulièrement menaçant pour nous. Heureusement ces calculs paraissent reposer sur des hypothèses sans fondement.

On sait approximativement ce qu'il existe de numéraire en Angleterre et en France, parce que ces deux pays ont depuis longtemps l'excellente habitude de se rendre compte de leur situation financière, et qu'ils présentent de nombreux documents qui peuvent servir de base à ces estimations mais qui peut dire ce que possèdent en numéraire tant d'autres peuples de l'Europe qui n'ont jamais songé à dresser leur bilan ? On est d'abord parti de cette hypothèse, que les peuples les plus riches devaient être les mieux pourvus en numéraire, et c'est ainsi qu'on a placé la France et l'Angleterre hors ligne, en donnant à celle-ci, comme de raison, le premier rang. Des documents statistiques irrécusables étant venus ensuite montrer l'erreur de cette hypothèse quant aux deux peuples particulièrement en vue, on l'a redressée par rapport à eux ; mais on l'a maintenue pour les autres, et, en cela, nous croyons qu'on

Charles Coquelin

s'est trompé. Ce ne sont pas les pays les plus commerçants qui possèdent, toute proportion gardée, la plus grande somme de numéraire : ce sont ceux qui sont privés des bienfaits du crédit, où les paiements ne se font qu'argent comptant, où les placements sont difficiles et les relations peu sûres. Ce sont les pays déchirés par la guerre civile comme l'Espagne, ou dévorés comme la Turquie par une administration tracassière et pillarde. C'est là que des trésors se forment, et que le numéraire s'accumule obscurément. Le personnage de l'avare entassant écu sur écu, tel que l'a dépeint Molière, pouvait être vrai de son temps, au sortir des troubles de la fronde : il ne l'est assurément pas de nos jours. Les avares n'entassent plus ; loin de là, ils sont au contraire les plus prompts à faire valoir leur argent, jusqu'au dernier écu, par des placements avantageux. On ne connaît plus les trésors cachés : cette image, autrefois si populaire, ne peut plus être empruntée par nous qu'aux souvenirs d'un autre temps. Désormais tous nos trésors brillent au soleil, ou travaillent à la lumière du jour, sous la forme d'agents reproducteurs, à nous créer de nouveaux biens. Pourtant cette image est encore vivante dans les pays dont nous parlons. C'est là que la tradition des trésors cachés se conserve, en Turquie surtout, où la monnaie est trop souvent la seule forme sous laquelle il soit possible de dérober sa fortune à l'avidité d'un pacha. Voilà pourquoi nous croyons que ces pays renferment, eu égard à leur population et à leur étendue, plus de numéraire que la France elle-même. Au reste, cette comparaison favorable n'atténue en rien la gravité du mal qui nous atteint.

Les observations qui précèdent s'appliquent aussi bien à l'or qu'à l'argent, car les deux métaux sont soumis à des lois semblables. Il est sensible toutefois que la dépréciation qu'ils doivent inévitablement subir est plus imminente pour l'argent que pour l'or, et qu'elle doit être aussi, selon toute apparence, beaucoup plus forte. Tout concourt à le faire pressentir : d'abord l'expérience du passé, qui nous montre que la valeur de l'argent a décru d'une manière plus constante et plus sensible, puisqu'autrefois, dans toute l'Europe, une livre d'or ne valait que dix livres d'argent, tandis qu'aujourd'hui elle en vaut, en moyenne, quinze trois quarts ; ensuite l'état actuel des mines, où il parait certain qu'il y a des progrès plus prochains et plus considérables à attendre dans l'extraction de l'argent que dans celle de l'or ; enfin la considération des besoins futurs des peuples, qui, en suivant la tendance générale et manifeste d'une civilisation plus avancée, doivent faire de jour en jour un plus grand usage de l'or comme monnaie, et délaisser l'argent dans la même proportion. Ainsi, la demande se porterait peu à peu de préférence vers le métal le plus riche, et tendrait à soutenir son prix en dépit de l'accroissement de la production, tandis que l'autre, placé entre une production plus active et une demande sans cesse décroissante, s'avilirait rapidement. Dès-lors l'Angleterre, qui fait usage, et un usage modéré, de l'or, serait en cela fort ménagée, tandis que la France, qui regorge d'argent, aurait à subir d'incalculables pertes.

Si de ces considérations sur l'emploi des monnaies nous passons à l'examen des combinaisons du système monétaire proprement dit, nous trouverons encore dans la loi française, avec quelques mérites incontestables, des défauts graves à signaler. Rendons hommage d'abord aux travaux de la convention. C'est une heureuse innovation que celle qui a mis nos divisions monétaires en harmonie avec les combinaisons numériques, en d'autres termes, qui les a soumises aux lois du système décimal. Tout est régulier dans ces divisions chaque pièce est une fraction exacte ou un multiple des autres, et de plus, le fractionnement correspond toujours à la progression établie dans la numération. De là, quelle facilité dans les comptes ! quelle simplicité dans les calculs ! Rien de semblable ne se retrouve en Angleterre. Il n'y a entre les pièces de monnaie qui circulent dans ce pays aucun rapport symétrique pour en former des sommes, il faut sans cesse diviser et fractionner, et comme aucune de ces fractions ne correspond à l'agencement des chiffres dans la numération, il faut en quelque sorte bouleverser les lois de cette numération dans ses calculs. C'est un travail pénible, qu'on peut sans doute rendre plus facile par l'habitude, mais qui n'en reste pas moins pour le grand nombre un embarras de tous les jours. Ajoutez à cela que l'unité monétaire anglaise n'est pas, comme la nôtre, sensible à l'œil. Elle n'existe pas sous une forme saisissable, et pour se la représenter, il faut en quelque sorte la dégager par des calculs. Quelle est-elle cette unité ? C'est la livre sterling, et l'on sait que la livre sterling ne se trouve pas dans la circulation, en ce sens qu'aucune pièce de monnaie ne porte ce titre. C'est une monnaie de compte et non pas une monnaie réelle ; c'est une dénomination usitée seulement dans les calculs, dénomination qui correspond, si l'on veut, à une quantité d'or déterminée, mais qui ne présente aux yeux aucune image sensible. De là une certaine confusion dans les idées quant à l'existence de l'unité monétaire, confusion si réelle que le premier ministre d'Angleterre a cru devoir travailler, du haut de la tribune, à la dissiper.[1]

Sur tous ces points, le système monétaire français est incontestablement supérieur au système anglais, et même à celui d'aucun autre peuple de l'Europe : c'est le seul, en effet, qui soit en cela vraiment logique et régulier ; mais, à d'autres égards on y trouve des

---

1 C'est dans un discours prononcé à l'occasion de la révision des statuts de la banque de Londres que sir Robert Peel a traité cette question, sur laquelle il avait été publié précédemment de volumineux écrits. L'objet de ce débat ne paraît pas avoir été bien compris en France, et ne devait pas l'être. Sur la foi de quelques plaisanteries lancées par le ministre à ses adversaires, on a cru que les objections de ces derniers n'étaient que ridicules, et en cela l'on s'est trompé. Il est certain que La notion de l'unité monétaire anglaise est peu saisissable et très confuse ; plusieurs causes ont contribué à l'obscurcir. D'abord, comme nous venons de le dire, cette unité n'est pas rendue sensible et palpable dans une pièce de monnaie ; en second lieu, la livre sterling, unité monétaire, représentait originairement et en principe une certaine quantité d'argent. Les seules divisions ou subdivisions qui s'y rapportent directement soit encore en argent, et cependant l'or est aujourd'hui en Angleterre la seule monnaie légale ; il faut donc, contrairement à l'idée primitive qu'elle réveille, payer la livre sterling en or. Enfin, la longue interruption du paiement des billets de banque en numéraire a achevé de brouiller toutes les idées. On indiquait sur ces billets une certaine somme en livres sterling ; cependant, comme ils perdaient plus ou moins contre le numéraire, cette somme ne représentait en aucun sens une valeur fixe : c'était une valeur vague, indéterminée, flottante, qui ne se mesurait approximativement que par la quantité variable des marchandises qu'on obtenait avec elle. Aussi, à cette époque, les économistes s'étaient-ils habitués à considérer l'unité monétaire comme une abstraction. Cette cause de confusion a disparu lors du retour des paiements en espèces ; mais le sentiment qu'elle a fait naître lui a survécu. Aujourd'hui, sir Robert Peel cherche à déterminer clairement la valeur de la livre sterling, en disant qu'il faut la calculer à raison de 3 liv. 17 sh. 10 1/2 den. pour une once d'or. Cela donne-t-il une idée nette de la livre sterling ? Oui, mais à condition qu'on fera une opération de l'esprit et un calcul qui n'est pas à l'usage de tout le monde. — La livre tournois, dont on se servait autrefois en France dans les calculs, n'était aussi qu'une monnaie de compte, puisqu'elle n'était sensée valoir que 20 sous, tandis que la livre réelle, la livre courante, en valait 24 ; mais la livre tournois était en idée, comme la livre courante, une monnaie d'argent, et, par une comparaison très simple avec cette dernière, on pouvait se la représenter nettement. — Il existe cependant en Angleterre, depuis 1818, des pièces particulières, les *souverains*, dont la valeur répond assez exactement à celle des livres sterling. Diverses raisons ont empêché de les prendre pour base de calcul.

imperfections notables. La plus grande de toutes, c'est le rapport établi entre les divers métaux qui concourent à alimenter la circulation.

Plusieurs métaux ont tour à tour, et quelquefois en même temps, fait l'office de monnaie. Dans l'enfance des peuples, on se servait généralement de fer ou de cuivre ; On sait qu'une loi de Lycurgue avait consacré à Lacédémone l'usage exclusif de la monnaie de fer. Cette loi qu'un grand nombre de publicistes ont exaltée comme un témoignage des vues profondes de ce législateur, et qui n'était probablement que l'expression toute naturelle des besoins du temps, devait être et fut en effet méconnue plus tard, en dépit de toute la sévérité des mœurs lacédémoniennes, quand les besoins eurent changé. La monnaie de cuivre a été longtemps dominante à Rome. Il en a été de même dans tous les pays, durant ces siècles de pauvreté et de barbarie, où l'or et l'argent étaient trop rares pour être d'un usage courant. Aujourd'hui le fer et le cuivre sont abandonnés partout : du moins ils ont perdu le caractère essentiel de monnaie, et ne circulent plus que pour solder des valeurs minimes, ou pour former l'appoint des sommes plus fortes. L'or et l'argent remplissent seuls aujourd'hui les véritables fonctions de la monnaie. Un temps viendra sans doute, et qui n'est peut-être pas loin, ou l'argent sera réduit a son tour à ce rôle secondaire où le cuivre est descendu depuis longtemps : le métal le plus riche prévaudra ; l'or règlera seul tous les échanges. En attendant que cet évènement se réalise, la plupart des pays de l'Europe, et particulièrement la France, admettent encore l'emploi simultané de l'or et de l'argent comme moyen régulier d'échange ; et autorisent leur circulation sur le même pied, en établissant le rapport de leurs valeurs respectives ; mais qui n'entrevoit au premier abord les difficultés et les inconvénients dont ce concours des deux métaux est la source ?

S'il n'existait qu'une seule espèce de monnaie, un seul métal pour la produire, la tâche du gouvernement qui la fabrique serait fort simple. Elle consisterait uniquement à fixer le titre de la monnaie, et, une fois l'uniformité de ce titre établie, à diviser le métal unique que l'on aurait adopté en telles portions que l'on voudrait, pourvu qu'elles fussent invariables, et qu'on suivît dans la division un système commode et régulier. Le choix de l'unité serait alors arbitraire, facultatif ; ce serait en effet une dénomination à adopter, et rien de plus. Quant à la valeur relative des pièces, elle se détermi-nerait d'elle-même par le rapport des poids, puisque la matière se-rait identique. Mais dès l'instant que plusieurs métaux sont admis à circuler ensemble comme monnaie légale, la question se com-plique. Une grave difficulté se présente, celle de déterminer le rap-port de valeur entre ces métaux ; car si l'on admet que l'un et l'autre peuvent être indifféremment donnés en paiement des marchan-dises, ou pour acquit des obligations antérieurement contractées, il faut bien que l'on sache d'avance quelle quantité de l'un équivau-dra à telle quantité de l'autre. C'est ce que tous les états qui ont ad-mis l'or et l'argent en concurrence dans la circulation ont essayé de régler ; malheureusement les rapports qu'ils ont établis ne se sont jamais trouvés longtemps d'accord avec la réalité commerciale.

En effet, par cela même que les métaux précieux sont des mar-chandises, ils ont une valeur commerciale dépendante des lois ordinaires du commerce, et, qui s'établit en dehors et en dépit de toutes les prescriptions de la loi. Qu'ils soient à l'état de lingots ou de monnaies, le résultat est le même : c'est le commerce qui règle leur valeur, et il n'est pas donné au gouvernement ni de fixer cette valeur ni de la changer. Or toute valeur commerciale est es-sentiellement variable, selon les fluctuations de l'offre et de la de-mande, selon l'activité de la production ou l'étendue des besoins, et les monnaies subissent la loi commune. Les variations auxquelles elles sont sujettes ne sont pas d'ailleurs toujours les mêmes pour les deux métaux employés. Il peut arriver que l'un augmente de valeur dans le même temps que l'autre baisse : d'où il suit que les rapports admis par la loi, quelque exacts qu'ils puissent être au moment où on les établit, se trouvent dès le lendemain en désac-cord avec le fait commercial qui les domine. Il a dans notre histoire financière, comme dans celle de tous les pays qui ont une histoire, des exemples frappants de cette vérité, et il est curieux d'observer les inutiles tentatives que les gouvernements ont faites en divers temps pour atteindre, ce rapport commercial, qui semble toujours leur échapper.

Au commencement du siècle dernier, le financier Law, dans son mémoire sur les monnaies, calculait que le rapport commercial de l'or à l'argent était de 15 et 49 centièmes, ou environ 15 1/2 à 1, tandis que le rapport légal dans les monnaies françaises n'était que de 15 et 24 centièmes, ou environ 15 1/4 à 1. Ainsi, tandis qu'une once d'or valait sur le marché de l'Europe, et probablement dans les relations commerciales de la France elle-même, 15 onces 1/2 d'argent, la loi monétaire n'en accordait que 15 et 1/4, donnant ainsi à l'or une valeur moindre, ou à l'argent une valeur plus forte que sa valeur réelle. Le rapport légal était donc alors trop bas. Ce qui se passa bientôt après, il est difficile, de le dire, car il y a dans notre histoire financière bien des lacunes ; mais il paraît que la valeur de l'or décrut en peu de temps d'une manière sensible, peut-être à la suite des opérations de la banque établie par le régent, puisqu'en 1726 on jugea à propos de changer le rapport légal, non pour l'élever, mais, au contraire, pour l'abaisser. On le fixa alors à 14 1/2 pour 1. Les choses restèrent en cet état pendant une grande partie du XVIIIe siècle. Sans doute le rapport commercial changea souvent ; mais on ne tint pas compte de ces variations ; on n'en mesura pas les conséquences, et le rapport légal, resta ce qu'il était. Cependant en 1785, quand on entreprit, sous le ministère Calonne, la refonte des monnaies, on se montra plus attentif. Alors un désaccord marqué entre les règlements monétaires et le fait commercial fut constaté, avec tout le dommage qui en était la suite, dans le préambule même de l'édit du roi.[1] « L'attention vigilante que nous donnons, est-il dit, à tout ce qui peut intéresser la fortune de nos sujets et le bien de notre état, nous a fait apercevoir que le prix de l'or est augmenté depuis quelques années dans le commerce, que la proportion du marc d'or au marc d'argent, étant restée la même dans notre royaume, n'est plus relative aujourd'hui à celle qui a été successivement adoptée en d'autres pays, et que nos monnaies d'or ont actuellement, comme métal, une valeur supérieure à celle que leur dénomination exprime et suivant laquelle on les échange contre nos monnaies d'argent ; ce qui fait naître la spéculation de les vendre à l'étranger, et présente en même temps l'appât d'un profit considérable à ceux qui se permettraient de les fondre au mépris de nos ordonnances. » On changea donc l'ancien rapport entre l'or et l'argent monnayés, et l'on s'arrêta à celui de 15 1/2 à 1. Diverses mesures furent prises pour que le changement se fît sans trouble : on retira les anciennes pièces d'or de la circulation,

---

1 Déclaration du roi, du 30 octobre 1785, registrée en la cour des monnaies le 21 novembre suivant, ordonnant une refonte des espèces d'or, afin d'en augmenter la valeur.

Charles Coquelin

et tandis qu'autrefois l'on ne faisait d'un marc d'or que 30 louis de 24 francs, on en fit, selon la déclaration du roi, 32 avec la même matière.

Ce rapport de 15 1/2 à 1 était sans doute exact à cette époque, et parfaitement en harmonie avec le cours commercial des deux métaux ; mais il ne devait pas l'être longtemps. Franchissons toute la période révolutionnaire, où la loi monétaire fut plusieurs fois remaniée, et arrivons à l'an XI, où le régime actuel fut établi. Un étrange revirement s'était opéré dans l'intervalle. Ce rapport si soigneusement établi en 1785 se trouvait inexact, et l'on pouvait s'y attendre ; mais ce n'était pas, comme on aurait pu le croire, la valeur de l'or qui s'était élevée cette fois : au contraire, elle s'était notablement abaissée, à tel point que ce métal était alors à plus bas prix qu'il ne l'était même au temps de Law. Ainsi, à peine s'était-on avancé dans un sens pour suivre le mouvement du commerce, qu'il eût fallu revenir en sens contraire, tant il est vrai qu'il n'y a point à cet égard de règle sûre à établir.

La dépréciation de l'or qui eut lieu à cette époque paraît inexplicable au premier abord, si bien que de nos jours plusieurs économistes l'ont oubliée ou méconnue. Il est certain qu'elle paraît démentir ce que nous avons dit plus haut sur la tendance générale des deux métaux. Elle est cependant trop bien attestée par des témoins dignes de foi, pour qu'il soit possible de la mettre en doute. Voici comment s'exprimait alors M. Lebreton, rapporteur de la loi : « Le terme moyen du rapport de l'or à l'argent en Europe est de 1 à 14 1/10e ou 15 au plus. C'est le terme moyen que la France, qui se trouve au centre du mouvement des métaux, qui les reçoit du Portugal et de l'Espagne, tant pour sa consommation que pour une partie de celle du nord et du midi de l'Europe ; c'est, disons-nous, ce terme moyen qui devrait être adopté dans notre système monétaire. » M. Fr. Corbaux junior, auteur d'un *Dictionnaire des Arbitrages* très estimé, qui fut publié vers cette époque, atteste le même fait. Après avoir. Enoncé les rapports légalement établis dans les diverses monnaies de l'Europe, il ajoute : « Dans la valeur vénale et commerciale de ces métaux, il (ce rapport) n'est actuellement que de 14 1/10e pour 1. »

Pour comprendre ce changement si extraordinaire dans la valeur relative des deux métaux, il faut se rappeler que l'Angleterre, qui ès depuis longtemps le principal réservoir de l'or, était alors sous l'empire de cette loi de 1797, qui avait déclaré les billets de banque non-remboursables en leur donnant un cours forcé. Ces billets perdaient dans la circulation, et comme la loi obligeait néanmoins à les recevoir pour leur valeur nominale, l'or ne s'échangeait plus contre eux que d'une manière défavorable. Il était donc forcé de sortir du pays et de refluer vers les états du continent. On se souvient encore, sur le littoral de la Manche, d'avoir vu dans ces temps-là arriver en fraude dans nos ports, particulièrement à Gravelines, des chargements entiers de guinées, qui s'échappaient des ports d'Angleterre malgré toute la sécurité des lois prohibitives. Ainsi l'or anglais venait encombrer les marchés du continent, et de la cette dépréciation qu'il subissait, dépréciation accidentelle toutefois et qui devait cesser plus tard avec les causes particulières qui l'avaient amenée.

Pour se mettre d'accord avec la situation, il eût donc fallu, en l'an XI, abaisser considérablement le rapport de l'or à l'argent. Pourquoi ne le fit-on pas ? M. Lebreton a soin de nous l'apprendre. « Dans les motifs, dit-il, qui nous ont décidés à ne pas demander qu'une proportion mieux calculée fût établie entre l'or et l'argent, il y en a un qui semble décisif : c'est qu'il faudrait faire subir à tous les *louis* de la refonte de 1785 la baisse qu'on opérerait dans la proportion. » Si l'on n'avait pas été arrêté par cette considération, peut-être un peu légère, on aurait donc, pour se mettre d'accord avec le taux commercial, notablement abaissé cette proportion, et que serait-il arrivé ? C'est qu'un peu plus tard on se serait trouvé hors de la véritable voie beaucoup plus qu'on ne l'avait été dans un aucun temps, puisqu'en effet le rapport moyen de l'or à l'argent est estimé depuis lors s'être élevé à 15 et ¾. C'est ainsi que chaque tentative du législateur pour atteindre cet insaisissable rapport commercial ne fait pour ainsi dire que l'en éloigner et lui préparer de nouveaux mécomptes. Vainement compterait-on aujourd'hui sur cette proportion de 15 ¾, que les financiers admettent depuis plusieurs années comme une moyenne ordinaire. Quelque régulière qu'elle nous paraisse, les variations accidentelles n'ont pas manqué. Toutes les fois, par exemple, que l'Angle terre est obligée de faire sur le continent des achats considérables et imprévus, comme ils sont toujours payés en or, le rapport baisse : c'est ce qui arrive particulièrement

Charles Coquelin

dans le cas assez fréquent d'une disette de céréales. Ainsi, en 1840, la récolte ayant manqué dans ce pays, on fit d'énormes achats de blé en Belgique et en Allemagne. Alors le numéraire anglais s'épuisa si bien, que la banque de Londres fut obligée d'avoir recours à celle de Paris pour renouveler sa réserve. Par une conséquence naturelle, le prix de l'or baissa sur le continent ; mais deux ans après l'équilibre était rétabli : déjà les caisses de la banque de Londres regorgeaient d'or, et ce métal avait repris son niveau dans le reste de l'Europe. Au milieu de ces fluctuations continuelles, comment veut-on que la loi monétaire trouve, pour asseoir ses proportions, une base régulière et solide ? Il est donc impossible d'établir entre les monnaies d'or et d'argent une proportion légale qui soit toujours exacte. Avec quelque soin qu'on l'ait calculée, tôt ou tard entre elle et la proportion commerciale le désaccord se manifeste. Dès-lors il arrive toujours que l'un des deux métaux est estimé et tarifé par la loi au-dessous de sa valeur réelle.

Quant aux conséquences d'un tel état de choses, il est facile de les pressentir. Celui-ci des deux métaux auquel la loi monétaire n'a pas donné toute sa valeur, ne trouvant plus à s'échanger qu'avec désavantage dans le pays, tend naturellement à en sortir, pour aller chercher des conditions meilleures à l'étranger, tandis que l'autre vient affluer sur le marché par des raisons contraires. Il se forme sur ces métaux une spéculation en quelque sorte double. On exporte l'un et on importe l'autre. Par exemple, dans l'état présent de la législation française, où l'or n'est estimé valoir que 15 ½ en argent, tandis qu'en réalité il vaut 15 3/4, on l'achète sur le marché français au taux fixé par la loi, et on va le replacer pour sa valeur réelle à l'étranger. Après avoir réalisé ce bénéfice, on peut encore, par une opération inverse, acheter au dehors, pour une livre d'or, 15 livres 3/4 d'argent, et, rapportant cette somme en France, l'y faire valoir pour une quantité d'or plus forte. Tout l'or se retire du marché ; l'argent l'y remplace. Le pays perd la différence, dont l'étranger profite.

Ce n'est pas que la loi monétaire ait la puissance de faire prévaloir, même dans le pays où elle règne, le rapport qu'elle établit. Le commerce ne tient pas compte de ces fixations arbitraires. Ainsi, quoique la loi française ait adopté le rapport de 15 1/2 à 1, ce n'est pas à dire que le commerce français s'y tienne ; il s'en écarte, au contraire, fort librement, pour suivre avec plus ou moins d'exactitude celui qui prévaut dans les états voisins. A cet égard, la loi est impuissante là même où l'on pourrait croire que son empire est absolu ; mais il est facile de comprendre qu'elle gêne en cela les transactions, surtout quand elle est impérieuse et jalouse. Outre qu'elle est vraiment obligatoire dans certains cas particuliers, elle est toujours fâcheuse. Elle ne fait pas qu'un métal descende, dans le rayon où elle s'exerce, au niveau trop bas qu'elle établit, mais elle l'empêche de se placer librement, couramment, pour sa valeur réelle. C'est assez pour qu'elle en resserre la circulation, et qu'elle le force à chercher un placement plus avantageux ou plus sûr à l'étranger.

Les faits ne manquent pas pour mettre cette vérité en évidence. Avant la refonte de 1785, l'or, estimé trop bas par la loi monétaire, s'écoulait au dehors, ainsi que l'atteste la déclaration du roi que nous avons déjà mentionnée ; « ce qui a fait naître, est-il dit, la spéculation de les vendre à l'étranger. » « Le préjudice qui en résulte, ajoute la déclaration, pour plusieurs genres de commerce, par la diminution déjà sensible de l'abondance des espèces d'or dans notre royaume, a rendu indispensable d'en ordonner la nouvelle fabrication, comme le seul moyen de remédier au mal en faisant cesser son principe. » Plus tard, un mouvement contraire se manifesta. Par une conséquence naturelle du revirement que nous avons signalé tout à l'heure dans le rapport des métaux, l'or revint en abondance dans la circulation française, et l'argent fut exporté à son tour. C'est ce qu'atteste encore le rapport de M. Lebreton. « Les inconvénients de ce défaut de proportion sont que celui des deux métaux dont la valeur est trop élevée, relativement, nous est apporté par le change étranger, qui retire, par son moyen, une valeur réelle plus considérable dans l'autre métal ; et comme c'est l'or qui se trouve élevé par la proportion établie depuis 1785, on retire l'argent, qui est plus utile dans la circulation, et on nous envoie de l'or. Ce vice, combiné par les changes, doit causer une perte au commerce général. » Ainsi l'or avait alors remplacé l'argent, et les hommes dont les souvenirs se reportent jusqu'à cette époque peuvent encore en rendre témoignage. Mais un nouveau changement s'est opéré dans la suite, et l'argent a si bien repris son ancienne place, qu'il circule aujourd'hui presque seul en France ;

qu'on juge de l'étendue des pertes que ces mutations continuelles ont entraînées pour le pays.

Il semble au premier abord que la différence qui existe depuis plusieurs années entre le rapport légal et le rapport commercial des deux métaux, différence qui n'est, après tout, que d'un 62e, ne soit pas assez importante pour faire naître la spéculation de les transporter d'un pays à l'autre, parce que les frais d'un transport absorberaient, dans bien des cas, le bénéfice. Cependant il ne faut pas oublier qu'il y a toujours, entre deux pays qui commercent ensemble, une circulation nécessaire de métaux précieux. Il en est des peuples comme des individus ; leurs échanges sont rarement directs, et les monnaies sont là, comme ailleurs, des intermédiaires obligés. Il est vrai qu'on s'en passe quelquefois, grâce à l'intervention du crédit, que les achats et les ventes se compensent, et que la liquidation se fait au moyen de lettres de change remises de part et d'autre ; mais cela n'est vrai que dans une certaine : mesure, car il y a toujours, après tout, des versements plus ou moins considérables à faire des deux côtés en numéraire. Il n'est donc pas nécessaire de se livrer à une spéculation toute spéciale sur les métaux pour profiter de la différence dont nous parlons, au détriment du pays, où elle existe ; il suffit d'avoir des paiements à lui faire, ou des créances à recevoir de lui. C'est même le cas le plus ordinaire et le plus favorable. Alors, en effet, le transport ne compte pas, puisqu'il faudrait toujours le subir. Les frais sont nuls, et la différence est acquise tout entière à l'étranger.

Pour dire la vérité, ce que nous avançons ici après tant d'autres n'est peut-être pas d'une exactitude rigoureuse et d'une application générale. Il semble difficile, en effet, qu'un peuple se laisse toujours frustrer ainsi par ses voisins. Autant qu'il nous est possible de le comprendre, cela n'est vrai que durant un certain temps, et tant que ce peuple se laisse, en quelque sorte, abuser par la loi même qui le gouverne. Dès l'abord, il accepte cette loi sans trop se rendre compte de l'erreur qu'elle consacre, et c'est alors qu'il est vraiment dupe dans ses relations avec l'étranger, car l'étranger, lui, n'acceptant sa monnaie qu'à titre de lingots, est toujours prompt à en mesurer scrupuleusement la valeur. Plus tard, cette préférence même qu'on donne au dehors à telle de ses monnaies plutôt qu'à telle autre est pour ce peuple un avertissement qui ne saurait être perdu. Ce qui reste vrai alors, c'est qu'il continue à écouler au dehors celle de ses monnaies que la loi a classée trop bas ; mais il sait bien, en la donnant, se prévaloir, au moins dans une certaine mesure, de la valeur plus haute que l'étranger lui accorde. Le mal ne serait donc pas au fond aussi grand qu'on l'a souvent supposé. N'est-ce pas assez pourtant du désordre trop réel qu'un tel état de choses engendre ? Songez donc aux perturbations qu'entraînent ces migrations continuelles des métaux : les frais de monnayage perdus, la base de la circulation changée, les relations du dedans mal établies, celles du dehors peu sûres, et, après tout, nul choix délibéré du système qui doit prévaloir ; puisque ce sont les évènements seuls qui en décident. Frappés de ces inconvénients, un grand nombre de publicistes en ont cherché le remède. Ils se sont tous accordés sur ce point, qu'il faut renoncer à établir un rapport légal entre les deux métaux, que par conséquent un seul d'entre eux, soit l'or, soit l'argent, doit être adopté comme monnaie régulière et légale, tandis que l'autre ne circulerait à côté de lui que comme auxiliaire ou comme subordonné.

Cette idée n'est pas nouvelle. On la trouve dans un grand nombre d'anciens écrits, surtout en Angleterre ; et il y a longtemps qu'en ce pays elle a passé dans la loi. En France même, elle s'est présentée plusieurs fois à l'examen des législateurs, et peu s'en est fallu qu'elle n'y fût adoptée, bien que sous une autre forme et dans un système différent. En l'an III, on entra si avant dans cette pensée, qu'on lui donna un commencement d'application. On décréta la fabrication de pièces d'or d'une nouvelle sorte. Le poids seul était fixé à dix grammes ; la valeur restait indéterminée, et devait être établie par le commerce. Dans ce système, l'argent eût donc été, à certains égards, la seule monnaie légale ; l'or n'aurait circulé qu'à l'état de lingots. Cependant cette loi, comme plusieurs de celles qui furent adoptées à cette époque, ne reçut pas d'exécution. On revint sur la même idée en l'an XI, quand on discuta la loi du 7 germinal, qui nous régit encore en ce moment. « Une question difficile, disait le rapporteur de la loi, est celle de savoirs si l'or doit faire fonction de monnaie ou rester marchandise, c'est-à-dire s'il aura une valeur nominale et forcée dans le échanges, ou s'il restera soumis aux variations du commerce et agent libre ? Cette question n'est point oiseuse. » Ainsi, le rapporteur de la loi de l'an XI reconnaissait dès-

Charles Coquelin

lors qu'un nouveau système devait prévaloir. Pourquoi n'en proposa-t-il pas l'adoption ? C'est d'abord parce que l'or, qu'il eût fallu, selon lui, réduire à l'état d'agent secondaire ou libres, était alors trop abondant et trop nécessaire dans la circulation pour qu'on pût courir le risque de l'en faire sortir ; c'est, en outre, parce qu'il ne faut, disait-il, toucher aux monnaies que dans les temps de tranquillité parfaite, et que la France, à peine sortie des troubles de la révolution, ne jouissait pas encore de cette tranquillité nécessaire. Ce qui ressort du moins de tout cela, c'est la nécessité claire, incontestable, de renoncer à fixer légalement le rapport de la valeur des deux métaux, l'or et l'argent. L'inconséquence de cette fixation est palpable, et les inconvénients en sont reconnus. En supposant que les motifs qui la firent maintenir en l'an XI fussent alors valables, ils ne le sont plus aujourd'hui : il faut donc entrer dans une nouvelle voie, en faisant un retour aux vrais principes.

Mais, la nécessité de ce changement étant admise, il reste à savoir quel système on adoptera. Il semble qu'en France on n'en ait jamais imaginé ou compris qu'un seul, celui dans lequel, l'argent étant la seule monnaie régulière, l'or ne circule qu'à l'état de lingot. Il en existe un autre cependant, aussi régulier et peut-être plus sûr, puisqu'il est déjà consacré par l'expérience de l'Angleterre : c'est celui dans lequel, l'or étant choisi de préférence pour constituer la monnaie légale, l'argent circule, non pas à l'état de lingot, mais comme une sorte de monnaie de billon. Entre ces deux systèmes on peut opter car ils sont également praticables ; mais les conditions sous lesquelles ils peuvent exister sont différentes, et il faut les envisager nettement.

Si l'on adopte l'or comme monnaie, il ne faut pas songer à faire circuler l'argent à ses côtés, seulement à l'état de lingot ; il trouverait trop difficilement sa place. Les lingots ne peuvent guère avoir cours que dans le haut commerce, et être admis que pour des valeurs d'une certaine importance, qui justifient, par cette importance même, le travail de la vérification, ou le calcul assez compliqué que les lingots nécessitent toujours. Évidemment, ce n'est pas là le rôle de l'argent. Il est appelé, au contraire, à servir pour les menues dépenses journalières, à se diviser en faibles sommes, et à se répandre d'ailleurs dans toutes les classes. Pour un pareil emploi, l'usage des lingots, qu'il faudrait vérifier, ou dont il faudrait calculer la valeur à chaque paiement, serait un intolérable abus. Dans ce cas, il faudrait donc nécessairement revenir au système anglais, dont voici les principales conditions. L'or seul est admis dans les paiements comme monnaie légale ; l'argent n'intervient que pour former les appoints, ou pour solder les faibles comptes ; toutefois, on l'accepte encore jusqu'à concurrence de 40 shillings, ou environ 50 francs. Dans ce système, la valeur nominale de l'argent par rapport à l'or est fixée par la loi, ce qui semble démentir ce que nous avons dit précédemment ; mais ce rapport légal est purement de tolérance ou de convention. La valeur qu'on y donne à l'argent est du reste, sinon arbitraire, au moins factice, puisqu'on l'a sciemment et volontairement surélevée d'environ 8 pour 100. On a jugé avec raison que cette surélévation n'aurait pas les inconvénients qu'elle présente ailleurs, parce que le cours de l'argent est renfermé dans d'étroites limites, qu'on ne le présente pas comme une monnaie régulière, mais comme une sorte de supplément conventionnel, soutenu par la confiance publique, et qu'enfin on évite d'abuser de cette confiance par de trop grandes émissions. C'est une condition toute pareille à celle de notre monnaie de billon, sauf la différence de la valeur. Au gouvernement seul appartient le droit de régler les émissions de la monnaie d'argent : il profite seul aussi de la différence de 8 pour 100 entre la valeur nominale et la valeur réelle. Tel est le système qui prévaut en Angleterre ; tel est celui qu'il faudrait adopter.

Si c'est au contraire à l'argent qu'on attribue la fonction de monnaie légale, comme il est impossible de réduire l'or à cet état secondaire d'une sorte de monnaie de billon, il faudra lui réserver un autre rôle. On le laissera donc circuler librement à l'état de lingot, et chercher lui-même sa valeur et ses fonctions. Il s'emploiera, non dans les transactions de tous les jours, où sa valeur serait peut-être mal appréciée, mais pour les gros paiements, dans les grandes affaires, et surtout dans les relations du pays avec l'étranger. Et quand nous disons qu'il circulera à l'état de lingot, nous n'entendons pas qu'on doive s'abstenir de lui donner une forme et une empreinte, de déterminer son poids et son titre : loin de là, ces précautions ne peuvent servir au contraire qu'à le rendre plus acceptable et d'un usage plus commode pour le public ; nous disons seulement qu'il faudrait s'abstenir de déterminer sa valeur, et d'obliger à le recevoir dans les paiements. A ces conditions, l'or deviendrait un simple auxiliaire libre de la monnaie, mais un auxiliaire élevé et puissant. Jusqu'à quel point se maintiendrait-il alors dans la circulation ? c'est ce qu'il est difficile de dire, attendu qu'aucune expérience régulière n'a été faite ; mais nous croyons qu'il y occuperait une place encore notable.

Dans chacun de ces deux systèmes, quels qu'en soient les mérites à d'autres égards, on peut arriver à un régime stable et exempt d'embarras, parce que l'un et l'autre est logique. Après tout, lequel des deux faut-Il choisir ? Est-ce l'or, est-ce l'argent qui doit être l'intermédiaire légal dans les échanges ? Par ce que nous avons dit précédemment, on a déjà trop bien compris notre manière de voir sur ce sujet. Dans un pays commerçant et riche, tel que la France, c'est l'or qui doit régner ; tant de raisons militent pour ce système, qu'en principe il est impossible d'hésiter. Selon nous, aucune objection plausible ne pourrait s'élever à cet égard, si nous étions encore, comme en 1803, pourvus d'or abondamment, et s'il n'y avait qu'à conserver, qu'à fortifier cette heureuse situation que les évènements antérieurs nous auraient faite. Malheureusement nous sommes loin de là, et pour revenir à une situation semblable par un changement subit de système, il faudrait traverser une période de transition : nécessité toujours fâcheuse. Il n'est pourtant pas impossible de ménager cette transition par des mesures combinées avec sagesse. Comme les mesures à prendre sont un détail d'exécution, et doivent varier selon les circonstances au milieu desquelles on se trouverait placé, nous croyons devoir nous abstenir de les indiquer ici.

En résumé, le régime monétaire français réclame impérieusement deux réformes importantes. Par l'une, on obtiendrait sur l'emploi du numéraire des économies notables ; par l'autre, on préviendrait ces dérangements fâcheux, ces troubles de la circulation, que le rapport actuellement établi entre l'or et l'argent occasionne tous les jours. Cette dernière peut être opérée suivant deux méthodes différentes également acceptables, sans qu'il y ait pourtant à hésiter beaucoup sur le choix.

ISBN : 978-1973933168

www.ingramcontent.com/pod-product-compliance
Lightning Source LLC
Chambersburg PA
CBHW070933220526
45468CB00005B/1760